Autista y Maravilloso

Alfonso Julián Camacho

Autista y Maravilloso

Un Diario Desde el Interior

Alfonso Julián Camacho

Editorial 3k

Autista y Maravilloso – Alfonso Julián Camacho

Publicado por **Editorial 3k, S.A.S. de C.V. • R.F.C.: EKX180122U17 •
Dirección: Calle Sierra Azul #45 entre Peñasco Blanco y Horizonte, Colonia
Nuevo Hermosillo; C.P. 83296. Hermosillo, Sonora, México •
[www.editorial3k.com]**.
OFICINA EDITORIAL: 7860 Mission Center Ct. Suite 210
San Diego, CA 92108

Primera edición en Inglés, Abril 2019. eBook en Inglés, Abril 2019. Primera edición
en Español, Abril 2020

[www.editorial3k.com/alfonsoJulián]
Editorial y producción: John Seeley, Rubén Verdugo Terminel, Alexa Maldonado
Mansur.
Diseño Editorial: Editorial 3k® [www.editorial3k.com]
Arte Portada: America The Great, by Alfonso Julián Camacho
Diseño de Portada: Rubén Verdugo Terminel (@ruben3k)
Diseño de eBook: Rubén Verdugo Terminel
Foto de Contraportada: Roberto Cuen Bosdet
Traducción al Español: Noralinda Aquino Figueroa, Martha Elisa Castro, Nydia
Concepción Siqueiros, Nancy Vanessa Viloria, Nydia Celina Viloria.
Impreso en E.U.A. en papel libre de acido
Distribuido por Editorial 3k

10 9 8 7 6 5 4 3 2 1

CONTENIDO

DEDICATORIA

Quisiera dedicar este libro a mi hermano; el mejor regalo que me ha dado la comunicación. Lo pedí en muchas ocasiones gracias a mi habilidad de deletrear.

RECONOCIMIENTOS

Tengo muchas personas a quien darle gracias. Estoy rodeado por personas que creen en mí y estoy feliz de darles reconocimiento. Mi primer y más grande reconocimiento es a Dios por haberme dado una vida digna de compartirse a una edad tan joven. Estoy bendecido en mucho más maneras que las que puedo contar, y disfruto mi autismo inmensamente.

También estoy tan agradecido por mi madre quien tiene toda la fuerza necesaria para lograr cualquier cosa que se propone, y eso incluye encontrar una manera en la que pueda expresar mis pensamientos. Soy un alma libre gracias a ella. Mi padre ha hecho sacrificios para ser el aire en nuestro velero. Trabaja incansablemente y viaja constantemente para mantenernos. Mi hermano es la luz de mi alma. Soy tan suertudo de tenerlo y de poder verlo crecer; y mi abuela Nydia, ella siempre me hace sentir que puedo hacer lo que sea. Mi abuelo Rogelio me ama por medio de la comida y mi abuelo Alfonso por medio de su buen humor. Abuela Olga es todo sobre Dios. Mis tíos y tías traen alegría y felicidad a mi corazón. Estoy tan bendecido por tener a una familia que me adora. Mis bisabuelos son el pilar de nuestra familia: Calita, Pabelo, Olga y Alicia, ustedes son la razón por la cual estoy aquí. A mi tío Alfredo por siempre tratarme como un niño. Zaira, mi Mamá y tú son los arquitectos de este increíble camino. Me siento bendecido de tenerte como mi sombra.

Estoy tan increíblemente pleno con mi vida gracias a todas estas personas, y estoy tan contento de tener un equipo en BEE y Academia Colmena, los cuales me pueden ayudar a lograr mi sueño de hacer la comunicación posible para todos.

En el corazón de mis logros esta Soma, la madre que encontró la manera. Su irrevocable fe en su hijo es un regalo para todos los individuos no verbales que como yo se han liberado por medio de RPM.

También quisiera dar gracias a los profesionistas que creyeron en mi cuando nadie más lo hacía. Mi consultora educacional Amy Langerman, mi abogada Marcy Tiffany, y el equipo de asesores que me dieron la oportunidad de demostrar lo que podía hacer: Nanci, Rienzi, Jenny, Susan, Karyn, y Payson. Ustedes cambiaron mi vida de una manera que nunca podrán entender.

Hay tantos más, Señorita Dinusha, tú y tu escuela Montessori Explorer, han sido un refugio en mi momento de necesidad. Soy un joven bien adaptado gracias a su habilidad de verme a mí, y no mis deficiencias.

A mi amigo Santiago Bustamante, tú me declaraste como tu mejor amigo antes de que yo me pudiera comunicar, y me hiciste creer que era un amigo al cual valía la pena tener. Soy tan suertudo y estoy tan agradecido por tu presencia en mi vida.

Gracias John Seeley y Editorial 3K, por hacer este libro una realidad. Y, por último, a mis amigos Kate y Oliver. Ustedes hacen este camino uno que recordaré como lleno de amigos. Podría seguir para siempre, si no te nombré, por favor quiero que sepas que estás en mi corazón... tu sabes quién eres.

¡El Autismo es la onda!

"Todos los estudios en el mundo subestiman el autismo.

Soy mucho más de lo que puedes ver. Puedo hacer muchas cosas increíbles..."

(Alfonso Julián Camacho)

...

CUANDO TENÍA 8 AÑOS...

Música Sobre Dios

Quiero hablar sobre el autismo. Soy una persona como todas las demás. Me gusta cantar y bailar música muy alternativa que habla de Dios.

- 8 años de edad -

Una Historia de Miedo

Hace mucho tiempo, un hombre estaba vendiendo su carro. Era un Rolls Royce. Lo vendió porque tenía un fantasma. Al carro lo multaron muchas veces por manejar en la carretera sin chofer. Se lo vendió a la agencia.

- 8 años de edad -

Una Historia Mala

Un niño amarró con cinta adhesiva la cola de un perro a la de un gato mientras dormían. Él tómo una foto y la posteó en Facebook. La organización de derechos de animales le quitó a ambos.

Moraleja: No tortures animales.

- 8 años de edad -

Mi Atuendo Favorito

Mi atuendo favorito es mi traje beige. Me lo puse cuando hice mi primera comunión. Lo compré en el Centro Comercial. Es mi favorito porque recibí el cuerpo de Cristo ese día.

- 8 años de edad -

Un Hecho de La Vida

Un hecho de la vida es que cualquier persona puede ser un héroe para alguien. Cualquier persona puede tratar de hacer un favor para los demás. Tengo suerte de tener una mamá que vive desde esto. Siempre la veo ayudando a los demás y nunca dudándolo. Espero poder ser como ella algún día.

- 8 años de edad -

Austin

Austin está evolucionado hacia una tierra de gran esplendor. Está lleno de muchos lugares dónde comer. También hay muchos lugares para visitar. Me encanta cuando en Austin hace frío y viento.

Austin está lleno de escuelas para personas con necesidades especiales. Están por toda la ciudad. He visitado la escuela para los ciegos. Es una escuela enorme.

- 8 años de edad -

Me Gusta Mi Nueva Escuela

Me gusta mucho mi nueva escuela. Todos saben que soy normal, como todos los demás. Nadie me habla con voz chistosa y nadie me restringe. Ahora estoy mucho más calmado y feliz que antes. Estoy tratando de comportarme de la mejor manera posible para asegurar mi atención a los maestros y obedecer sus instrucciones. Estoy tratando de siempre ser respetuoso y cuidadoso.

- 8 años de edad -

CUANDO TENÍA 9 AÑOS...

Toc, Toc

¿Quién está ahí?
Remo
¿Remo quién?
Remolqué tu carro por estacionarte en el lugar incorrecto.

- 9 años de edad -

Mi Amigo Favorito

Hay un hombre que lo es todo para mí. Este hombre trabaja todo el día para traer a casa las cosas que necesito. Todo él expresa que, para ser exitoso se tiene que trabajar muy duro. A veces las cosas se ponen difíciles, pero este hombre siempre sabe cómo arreglar los problemas pacíficamente.

Este hombre de quien hablo me sorprende todo el tiempo. Jugamos suavemente a las cosquillas y a veces me salen lágrimas de los ojos. A veces él viaja a muchos lugares, y mientras está fuera, habla por Skype conmigo. Me habla como si fuera inteligente, me lleva a lugares y me dice "te amo". Somos mejores amigos. Este hombre es mi papá.

- 9 años de edad -

Mi Recuerdo Favorito de la Abuela

Mi abuela es una segunda madre para mí. Ella me cuida cuando mamá no está.

Mi recuerdo favorito con mi abuela es cuando jugamos afuera con la manguera. Ella deja que me moje y jugamos en el pasto.

Amo mucho a mi abuela.

- 9 años de edad -

Mi Día Favorito con Papá

Siempre paso mucho tiempo con mi papá. Vamos a Sea World y al parque. Nos encanta pasar tiempo con él.

Mi día favorito con mi papá es cuando nos sentamos a ver el partido juntos. Siempre trato de seguir y entender el partido. Me gusta que lo podamos ver.

- 9 años de edad -

Mi Juguete Favorito

Mi juguete favorito es un tambor. Tengo uno nuevo, es un bongo. Me lo regaló en Navidad mi tía Vanessa.

Todos los juguetes son divertidos para jugar, pero mi tambor me permite alabar a Dios con él. Espero que todos los niños tengan la oportunidad de tener un juguete tan especial como mi tambor.

- 9 años de edad -

Mi Escuela es Mi Lugar Favorito para Estar

Mi escuela es Montessori Explorer, me gusta mucho. Estoy muy feliz ahí. En la escuela todos me tratan de manera normal. No usan siempre una voz chistosa y no me tratan como si fuese tonto.

Estoy encantado de tener amigos y una sombra totalmente competente para ayudarme. Estoy enormemente agradecido por la decisión de mis papás de permitirme venir a esta escuela.

- 9 años de edad -

La Niñera Perfecta

Mi niñera perfecta es la que sabe RPM y puede ayudarme a comunicarme con mis amigos y vecinos.

Me gustaría que fuera amable y paciente. Ella está siempre lista para ayudar a mamá y papá. Tengo suerte de tener a alguien así en mi vida. Su nombre es Zaira. Ella ha sido mi niñera y sombra por muchos años.

- 9 años de edad -

Eventos Especiales en Mi Vida

Hay muchos eventos especiales en mi vida. Recordando, puedo identificar por lo menos dos.

El primer evento es mi primera comunión; trabajé duro para tener el privilegio de participar en la cena del Señor.

El siguiente evento especial es cada vez que estoy rodeado de mi familia. Me siento muy bendecido de tener padres que me aman incondicionalmente.

- 9 años de edad -

Mi Vida Adulta

En el año 2070 tendré 64 años. Asumo que aun estaré trabajando. Siento que estaré laborando en algún trabajo como escritor, preferentemente relacionado con noticas internacionales.

Seré un ministro o clérigo y estaré casado con una hermosa mujer con un corazón amable. Asumo que tendremos hijos y un perro; un perro loco como Padme.

Espero estar feliz y satisfecho con los logros en mi vida. Trataré de ayudar a todas las personas que pueda y siempre estaré eternamente agradecido con todas las personas que creen en mí y me apoyan en este camino.

- 9 años de edad -

Refugiado

Un poema acróstico es aquel en que las primeras letras de cada renglón deletrean una palabra o frase. Inspirado por su lectura de Soy Malala por Malala Yousafzai, Alfonso escribió el siguiente poema acróstico de la palabra en inglés *Refugee*.

R Descansa en un País que no es el tuyo
E Cada noche preguntándote por tu hogar
F Olvida el miedo y la tristeza
U Ultimadamente ignora la locura
G Guiado sin tu gente
E Disfruta un nuevo comienzo
E Incluso la paz canta

- 9 años de edad -

Mi Viaje a Colombia

Estoy en un avión hacia Colombia. El vuelo es súper largo; me gusta mucho escribir un diario. Lo más extraño del vuelo fue encontrarme con tantos bebés. Nunca imaginé que tantos bebés se subieran a los aviones. Siempre imaginé que no habían niños en los aviones.

- 9 años de edad -

Yo Soy Cambio

El mundo necesita más compasión y empatía, estoy seguro que no soy el único que piensa así. Nuestro mundo está lleno de dolor. Estoy seguro que si las personas se dieran tiempo para pensar en los demás, se llevarían mejor.

Si pudiera cambiar una cosa, haría que las personas pudieran ver el alma y el corazón de los demás. No sólo les enseñaría esto, sino también todo su dolor. Yo puedo verlos porque me importan los demás y dar el ejemplo al sentir compasión hacia los demás.

- 9 años de edad -

Si Yo Pudiera Cambiar al Mundo

Si pudiera cambiar al mundo, empezaría por salvar el planeta. Crearía conciencia acerca de la necesidad de paz. También atraería la atención del mundo hacia el autismo y la apraxia.

Le diría a la genta que individuos con estas condiciones son increíblemente normales por dentro. Amo cantar y bailar aun cuando no puedo mover mi cuerpo. Me gustan muchas cosas que le gustan a mis amigos. No tengo tiempo de hacerlas porque tengo mis terapias. A todos mis amigos les permiten jugar y practicar deportes, como fútbol y equitación. Siempre estoy muy ocupado para hacer eso. Amo a los caballos y a la naturaleza, y nunca encuentro tiempo para ni uno ni otro.

Si pudiera cambiar mi mundo, tendría una infancia normal.

- 9 años de edad -

Queridas Personas con Apraxia Severa:

Quiero pedirles que siempre intenten mantenerse positivos. Sé que es difícil vivir dentro de un cuerpo que no hace lo que quieres que haga. Estoy libre de mi prisión y puedo hablar con todas las personas que conozco. Uso RPM para comunicarme y aprender. Los animo a que lo aprendan y que lo usen en su casa y en la escuela. Soy una persona con autismo y soy un caballero de palabras gracias a mi madre. Estoy agradecido por su esfuerzo y su tiempo.

Siempre crean en ustedes mismos

Sinceramente suyo,

Alfonso

- 9 años de edad -

Una Vida Plena con Autismo No Verbal

Muchas personas creen que una persona con autismo no verbal no puede tener una vida plena. Su experiencia los hace creer que no se puede ser feliz de esa manera. Ellos tienen nociones preconcebidas.

De cualquier manera, una persona con autismo no verbal tiene la misma capacidad para alcanzar la misma felicidad que otros. No veamos a las personas con autismo con lástima; sus vidas son tan valiosas como cualquier otra. No debemos minimizar su potencial.

Mis papás siempre han aspirado grandes metas para mí. Ellos por mucho tiempo han luchado por un mejor mundo para las personas con discapacidad. Ahora me puedo comunicar gracias a RPM. Ha cambiado mi vida y la de toda mi familia.

El día de hoy puedo hablar con mis papás y amigos y enseñarle al mundo lo que sé; no siempre fue así. Quisiera que todas las personas con autismo no b verbal tengan la oportunidad de intentar RPM, no solo por ellos, sino por sus familias.

Algo que admiro de mi madre, es como ella se ha sumergido por completo al mundo del autismo.

Ella ha decidido abrir las puertas de RPM a todas las personas que le sea posible. Soy afortunado de tener una madre así.

- 9 años de edad -

CUANDO TENÍA 10 AÑOS...

Un Chico Muy Suertudo

Soy un chico muy suertudo. Tengo unos papás que me adoran. Siempre hacen lo imposible para decirme que me aman. No sé que hice para ser tan suertudo, pero estoy contento de tenerlos. A veces creo que no los merezco. Normalmente no soy un niño perfecto; cometo errores, pero ellos me aman como si lo fuese. Estoy sobrecogido por la gratitud y el amor hacia ellos. Amo a mi familia y la única cosa que pudiera hacerla mejor sería teniendo un hermano.

- 10 años de edad -

No Soy un Niño Perfecto

No soy un niño perfecto. Frecuentemente pierdo la paciencia y uso mis manos para demostrar mi enojo. Estoy eternamente arrepentido de cuando lo hago. No soy una persona violenta; sólo soy un niño que tiene que luchar para evitar que mi cuerpo me desobedezca. Incluso, no me doy cuenta cuando lastimo a alguien, simplemente lo hago. Siempre pido disculpas, pero sé que no es suficiente. Mi madre lleva mi enojo en su piel como recordatorio permanente de mis desplantes. Es extremadamente doloroso verla llena de moretones y cicatrices. Soy por siempre un alma perdida, buscando la manera de enseñarle a mi madre mi remordimiento. Espero poder superarlo y detener mis manos. Hoy en día ese poder aún se me escapa. Pero continuaré intentádolo cada día.

- 10 años de edad -

Retardado

Una Respuesta en la Forma de un Poema Acróstico de la palabra Retarded en el idioma Inglés:

R Arrepiéntete de tus palabras al decirlas
E Cada una de ellas puro veneno
T Toma tiempo para conocerme
A Siempre ayuda a mi cuerpo
R Arriésgate a aprender algo nuevo
D Atrévete a verme por quien soy
E Involúcrate en nuevos comportamientos
D No me tomes por un tonto

- 10 años de edad -

Querido Padrino y Familia

Estoy lleno de tristeza al ser confrontado con la gran pérdida de tu padre. Me consuelo al saber que él te acompañará siempre como un ángel protector que cuidará de ti y de tu familia. Mi corazón desea poder expresarte con mi voz el gran dolor que siento cuando veo tus lágrimas. Te quiero mucho, y desearía poder protegerte del dolor por el que estás pasando. Espero que los buenos momentos que pasaste con tu padre ahora te llenen de fortaleza.

Te quiero mucho,

Alfonso

- 10 años de edad -

Carta Entre un Niño con Apraxia y Autismo No Verbal y Su Terapista Neurotípica

Entrada en el blog de la Comunidad de Amor y Autismo | 22 de agosto de 2016 | Historias de Amor y Autismo|

En nuestra era digital, escribir cartas se ha convertido, desafortunadamente, en un arte perdido. La formalidad de plasmar palabras sobre papel permite lograr pensamientos profundos que suelen perderse al implementar una simplificación excesiva a través de un emoji o acrónimo. Es una manera de preservar cómo nos sentimos y cómo vemos el mundo en este preciso momento. Con la escritura, las cartas, se alcanza cierta vulnerabilidad que el idioma conversacional no permite.

Este verano, Alfonso y yo nos lanzamos a la aventura de cartearnos el uno al otro. Esto surgió cuando me sentí conmovida por una de sus recientes entradas al blog. Estaba motivada a escribirle una carta para compartirle mi experiencia. Sus primeras palabras fueron como una flecha directa a mi corazón y necesité hacerle saber su poder. No estaba segura si sería capaz de compartir cuán impactante me fue su escrito salvo, que se lo escribiera. Conozco a Alfonso… si fuera a decirle mis pensamientos, su humildad no me hubiera permitido siquiera completar mi primer frase. Entonces comenzamos a enviarnos cartas.

Decidimos hacer nuestro primer set de cartas públicas para romper falsas concepciones acerca de aquellos viviendo con autismo. Alfonso es no verbal, pero tiene mucho que decir. El mundo tiene que escuchar y aprender de este joven, y de su manera de vivir tan sabia y amorosa. Muchas veces, las personas con autismo que tienen retos de comunicación son vistas como menos o incapacitadas. Muchas veces aquellos que se comunican con un esténcil en vez de palabras no son entendidos o son cuestionados. Todos merecen ser escuchados y entendidos. Alfonso es partícipe del cambio, de la forma en la que el mundo ve a aquellos con autismo. Aquí están sus poderosas palabras:

***

Autismo y otros Asuntos del Corazón

Por Alfonso

Soy un valioso miembro de la sociedad y tengo muchas cosas que ofrecer.
Soy un niño de 10 años atrapado en un cuerpo que no sigue mis instrucciones. Soy un niño con los mismos sueños y aspiraciones que cualquier otro niño. No estoy defectuoso o dañado, estoy siempre evolucionando. No soy un niño ordinario, soy autista y apráxico y soy un compañero humano. Siempre

33

trato de hacer mi mejor esfuerzo y siempre trato de obedecer. No soy un proyecto inconcluso, soy una persona completa, un alma eterna. Soy luz y luminosidad, soy etéreo.

Soy la manifestación de la grandeza de Dios y parte del Universo. Soy un testamento viviente del maravilloso milagro del lugar todo poderoso en donde todas las cosas convergen para crear vida. No soy un accidente, soy una decisión de lo divino. Todo es como debe de ser. ¿Estoy para siempre y eternamente destinado a vivir de esta manera? No estoy seguro. Todo lo que sé es que hoy soy una persona con autismo no verbal y con apraxia severa.

***

Querido Alfonso,

Tus palabras son arte viviente,

Igual de bellas y trascendentes como cualquier pintura o escultura. Me trago mis lágrimas hacia las cosas que dices. No porque me sienta mal por ti, sino porque me siento bendecida porque por alguna razón fui elegida para conocerte.

Tus palabras son arte viviente.

Tus palabras resuenan en mi alma, me hacen cuestionar un propósito mayor; centran mi fe en la humanidad. ¿Cómo es que tantas personas se han equivocado contigo? ¿Cómo un educador pudo pensar que eras tonto, retardado, incapacitado, no presente? ¿Cómo profesionistas pudieron pensar que tus diferencias eran resistencia, desobediencia, complacencia o simplemente no dignas del esfuerzo? Y el mundo, ¿cómo podemos juzgarte por cómo hablas? y considerar menos tus palabras porque no están expresadas con la laringe, si no deletreadas en un esténcil. ¿Cómo pudiste pasar por desapercibido, sin que te notaran, o peor aún, pensado como una persona con "comportamientos" que deben ser forzados a someterse? ¿Cómo pueden esos mismos ojos ver al ser humano que yo veo? Nunca podré saberlo, porque para mí…

Tus palabras son arte viviente.

También tengo preguntas también… pero no son sobre tu inteligencia, tu humanidad, o, Dios guarde, tus "comportamientos". Mis preguntas para ti son acerca de lo que piensas, como te sientes, cuales crees que son las verdades de la vida. Mis preguntas son realmente de cómo puedo ser parte para ponerte en el camino correcto para que puedas descubrir continuamente quién estás destinado a ser y qué estás destinado a hacer. Mi papel es ser tu compañera en tumbar barreras para que puedas continuar tu mensaje más grandioso de crear una cultura de amor y respeto. Sigue compartiendo tus palabras. Sigue desafiando las probabilidades. Sigue elevándote más allá de cualquier duda.

Tus palabras son arte viviente.

Con ambas, tu apraxia y autismo, me has compartido que a veces te sientes atrapado en un cuerpo que no hace lo que le pides. Supuestamente, puedo tomar una mejor perspectiva debido a mi estatus neurotípico, pero he pasado muchos momentos sin lograr imaginar lo que esto debe ser para tí. Puedo crear metáforas que en ocasiones me hacen creer que puedo acercarme más a lo que puede ser tu experiencia en este mundo. Pero ahora sé que ninguna metáfora puede ejemplificarlo satisfactoriamente. Puedo reflexionar y cuestionar mi privilegio neurológico e imaginarme como sería ser tú. Nuevamente dudo que mi imaginación sea tan rica como para capturar tu experiencia. Estas viviendo en un mundo donde la mayoría eligen no entenderte. Donde puede que continúes pasando desapercibido. Donde personas condenarán la manera en la que se mueve tu cuerpo, todo porque las diferencias causan temor en los demás. Y aún así, tu eliges algo diferente para ti. Eliges notar a los demás. Eliges tomar todo ese dolor y aprovechar para convertirlo en amor para la humanidad. Continúas haciendo crecer tu entendimiento de nuestro mundo imperfecto. Tú decides ser tú mismo cuando otros dicen que no eres suficientemente bueno. Tú decides enseñarnos tolerancia, crear aceptación en cada momento que pasas en nuestro espacio público. Tú decides esto no porque es divertido, o por promover atención heroica. Lo decides porque tú estás consciente que en cada interacción positiva a tu lado, los estereotipos de las personas quedan destruidos. Con todas tus 80 libras, tu eliges ser la mejor persona.

Tus palabras son arte viviente.

Me maravillo de la sabiduría que fluye a través de ti, una sabiduría que se reúsa estar atrapada por ninguna cantidad de obstáculos. Frecuentemente me pregunto cómo todo ese poder se pudo haber condensado en un ser de 10 años y 4 pies con 2 pulgadas de estatura. Muchas veces me pregunto si tengo el valor para vivir desde tus palabras y crear un mundo donde el amor es abundante y el respeto es otorgado a todos. Me pregunto si alguna vez podre darte tanto como tú me has dado a mí. Y muchas veces me pregunto si pudiese ser más como tú.

Tus palabras son arte viviente.

Cariñosamente,

Jenny Palmiotto

***

Querida Jenny,

Estoy tan apenado. No merezco tanto halago. No soy perfecto, y mi madre paga el precio de mi imperfección. Ella tiene un alma gentil y me ama incondicionalmente. Mientras camino por la vida y descubro más acerca de mí, me siento aún más agradecido de tenerla. Yo sé que mi camino no es común y me siento agradecido de tenerla como acompañante.

Nunca estoy seguro cómo la vida me pone a personas en mi camino, pero siempre encuentro personas como tú Jenny, que pueden ver más allá de mi discapacidad y completamente hacia lo más profundo de mi alma. No estoy seguro si ángeles te pusieron en mi camino, pero siempre estoy sorprendido por tu habilidad de entenderme y mi experiencia en este mundo.

El mundo en el que vivimos está lleno de personas que nunca sabrán lo que significa ser yo. Personas que hablan y gritan cuando quieren, que se mueven en el espacio con gracia y dignidad, personas que pueden amar de la manera "correcta" porque sus abrazos no son muy fuertes o largos, o no son hacia la persona incorrecta. Sus dedos no necesitan apretar brazos o codos. ¡Ellos simplemente mueven su cuerpo y listo! Sucede el movimiento.

No soy retardado, lento o ausente. Soy una persona que está siempre presente y alerta. Soy una persona tratando de decirle al mundo que las personas con autismo no verbal importan, en maneras que generalmente no les damos crédito. Tenemos tanto que dar y enseñar, tanto que compartir.

Soy un guardián de la tierra y un mensajero de las estrellas. Soy un guerrero del movimiento tratando de ganar la guerra para conquistar a mi propio cuerpo. Soy un portal a un mundo diferente, en donde nada es imposible en las manos de Dios. Soy una persona llena de ideas y sentimientos no escuchados. Soy un ser humano amoroso que quiere aprender una manera diferente de expresar cómo me siento. Soy comprensivo y razonable y a veces me pierdo en mis emociones.

Me pregunto por qué las personas continúan cuestionando mi inteligencia en vez de preguntarme acerca de mí persona. Me entristecen las dudas de esas personas. Soy mucho más que un coeficiente intelectual. Soy un ser humano capaz de amor y empatía. No carezco habilidades sociales; soy muy consciente de mi ambiente, y quiero desesperadamente ser tomado en cuenta. No soy un cascaron desprovisto de humanidad, soy humanidad y soy un servidor de Dios.

No estoy se que depara el futuro para mí, ese es un camino desconocido para el cual no puedo planear. Hoy, de ti, necesito entendimiento de mis diferencias, y orientación mientras aprendo a apreciar la fuerza en mi carácter y la gentileza de mi corazón. Tú ya has guiado mis pasos exitosamente, y estoy agradecido por tus palabras de aliento y guía. Tú me entiendes de tal manera que pocas personas lo hacen. Sólo mi mamá y mi abuela materna me entienden de esa manera. Una vida de silencio te hace analizar muchas cosas. Estoy constantemente pensando acerca de la vida, acerca de Dios, y acerca de una vida con voz que sale de mi laringe. Tus palabras y apoyo hacen más fácil mi camino.

No se como responder a tu halago tan generoso. Mis palabras no son arte, sólo tratan de expresar los sentimientos y pensamientos de un día ordinario. Estoy tratando de encontrarle sentido a esta vida y toda su belleza. Para mi esta vida es arte, y nosotros somos meramente pinceles en las manos de Dios.

Cariñosamente,

Alfonso

- 10 años de edad -

Encuentra la entrada original en:
https://loveandautism.com/2016/08/22/letter-between-a-non-speaking-autistic-and-apraxic-boy-and-his-nuerotypical-therapist/

Estoy Feliz como una Lombriz

Soy feliz como una lombriz. Voy a ser un hermano mayor. Ya quiero conocerlo o conocerla. Ya siento que lo amo a morir.

- 10 años de edad -

Querido Hermano o Hermana,

No sabes cuánto quiero conocerte. He estado esperándote por mucho tiempo. Mi corazón explota de emoción cada semana cuando me entero de tu nuevo tamaño.

Sé que aún falta mucho tiempo para conocerte, pero siento que hemos estado juntos desde muchas vidas atrás.

Te amo con todo mi corazón.

Alfonso

- 10 años de edad -

Querido Hermano,

Querido hermano, me muero por conocerte. Mi mamá te trata con gran cuidado y te protege de este mundo. Yo también te quiero proteger. Este mundo está lleno de retos y aventuras. Me muero por conquistarlas contigo.

Te amo,

Alfonso

- 10 años de edad -

Integrándome a un Nuevo Salón de Clases

Hola a todos,

Mi nombre es Alfonso. Soy nuevo en este salón. Pueden notar que estoy usando un IPAD para hablar. Eso es porque, aunque sé lo que quiero decir, a mi boca le cuesta trabajo moverse. Se llama apraxia. Apraxia también impacta mi cuerpo. A veces mi cuerpo hace lo que quiere y no me permite jugar o bailar. Ambas son cosas que me gusta hacer y los animo a que me ayuden a lograrlo.

Para ayudarme en la escuela y recreo tengo a Zaira. Ella es mi sombra y mi amiga. Les va a caer muy bien. Ella es muy divertida. Para comunicarme también utilizo un esténcil. Va a ser divertido aprender a usarlo con ustedes.

Tengo un montón de alergias. Por favor no me compartan su comida, aunque yo mismo la tome. Me puede enfermar mucho. Por favor no traigan cacahuates o ninguna otra semilla. Pueden matarme.

En mi casa vivo con mis papás y mi perrita Padme. Le llamamos QUASY (como loca o crazy en inglés) porque ladra mucho. Me gusta escribir. Tengo un blog y también soy un blogger invitado para El Arte del Autismo. Me gusta hablar sobre el autismo y la comida.

También amo viajar; he ido a Japón, China, Colombia, Brasil y más lugares.

Me gusta juntarme con mis amigos y pasar el rato. Con frecuencia voy a la playa y al cine. Me gusta jugar con Legos y mi bicicleta. Pueden contactar a mi mamá si quieren que nos juntemos a jugar después de la escuela.

Siempre siéntanse libres de hablarme. ¡Quiero aprender acerca de ustedes también!

Gracias,

Alfonso

- 10 años de edad -

Evento de Recaudación de Fondos para el Centro de Atención Especializada para Autistas

Buenas tardes, queridos papás, profesionales y compañeros autistas:

Estoy muy agradecido de tener la oportunidad de estar aquí el día de hoy. Gracias al querido Sr. Miguel Tamayo por invitarme a participar hoy.

Durante nuestras vidas, el autismo se ha ido transformando de una discapacidad hacia una manera nueva de pensar. La neuro-diversidad es una nueva manera de entender el autismo. Los autistas aún tienen retos que superar. Los individuos autistas continúan luchando para poder recibir servicios y una educación apropiada. Si tú eres no verbal, tus probabilidades de recibir educación superior son casi nulas.

El acceso depende de la habilidad de expresar conocimiento, la habilidad de expresar conocimiento depende de movimiento, y el movimiento es nuestro mayor reto. No se le da acceso a la educación a personas que no pueden lograr la tarea de mover su cuerpo a su disposición.

Estoy aquí ahora para decirles que podemos aprender y entender todo. Somos dignos de su dolor, tiempo y esfuerzo. Dentro de cada cuerpo autista hay una mente lista para aprender, hambrienta por información. Soy prueba clara de eso. No una causa perdida o una historia triste, pero un maravilloso ser humano, ambicioso y optimista.

No deberían sentir lástima por mí o mí condición. Estoy seguro que han de pensar que mi autismo es una tragedia terrible, pero no lo es. Soy un ser humano completo y satisfecho. Soy un servidor de Dios y un sanador de almas. Mi camino por esta tierra es una oportunidad para enseñar al mundo que la competencia y la inteligencia no pueden ser juzgadas desde fuera.

- 10 años de edad -

Soy un Miembro Valioso de la Sociedad y Tengo Muchas Cosas Que Ofrecer

Soy un niño de 10 años atrapado en un cuerpo que no sigue mis instrucciones. Soy un niño con los mismos sueños y aspiraciones que cualquier otro niño. No estoy defectuoso ni imperfecto. Simplemente estoy continuamente evolucionando. No soy un niño ordinario, soy autista y apráxico y soy un compañero de la humanidad. Siempre hago mi mejor esfuerzo y trato de obedecer. No soy un proyecto incompleto, soy una persona completa.

Mi historia es simple. No soy un humano perfecto, soy un ser eterno. Soy luz y soy luminosidad. Soy etéreo. Soy una manifestación de la grandeza de Dios y parte del Universo. Soy un testamento viviente del maravilloso milagro del lugar todo poderoso en donde todas las cosas convergen para crear vida. No soy un accidente, soy una decisión del Divino. Todo es como debe de ser. ¿Estoy para siempre y eternamente destinado a vivir de esta manera? No tengo la certeza de que sea así. Todo lo que sé es que hoy soy una persona con autismo no verbal y con apraxia severa.

Añoro la habilidad de hablar y desearía poder algún día alcanzar ese objetivo. Soy muy afortunado de tener la habilidad de comunicarme por medio de RPM. Mi madre siempre cree en mí y nunca pierde la esperanza. Ella continúa llevándome a terapia todo el día todos los días. Yo hago mi mejor esfuerzo por participar y avanzar para alcanzar mis metas. Siempre trato de obedecer a mis terapistas. Progreso lentamente y pierdo algunas de mis habilidades a la apraxia. ¿Estoy derrotado? ¡Nunca! Lento y constante se gana la carrera. No estoy desilusionado. Observa todo lo que he logrado hasta ahora: soy un estudiante que saca puros dieces en una escuela privada y estoy a punto de entrar a una de las escuelas más prestigiosas del país. Soy completamente bilingüe y entiendo más de doce idiomas. Soy un humano con mucha suerte con apenas diez años. Soy un luchador y un soñador, siempre listo para aceptar nuevos retos.

Siempre he logrado mis sueños y sigo tratando de cumplir las expectativas de mis papás. Soy afortunado de tener papás que creen que puedo hacer cualquier cosa que me proponga, siempre estableciendo altos estándares para mí.

- 10 años de edad -

Introducción de Ponente de la Segunda
Conferencia Anual de Neurociencia ATPF

Alfonso es un niño de 10 años con mucho que decir y compartir. Fue diagnosticado a los 2 años con autismo y maravillosidad.

Desde ahí ha trabajado incansablemente para conquistar su cuerpo y sus movimientos. Comenzó su camino hacia la comunicación por medio de intervenciones del habla que incluyeron PECS, Go TALK 20, Vantage Lite, iPad con Proloqueo2Go y mucha terapia de lenguaje.

Finalmente, en el 2013 fue a Austin, Texas para conocer a Soma Mukhopadhyay en HALO, "Ayudando al Autismo por medio de Aprendizaje **y Divulgación** "(Helping Autism through Learning and Outreach). Tuvo la oportunidad de expresar su conocimiento por medio de esténciles y tablas de letras; fue capaz de expresar sus pensamientos con exactitud. A través de mucho trabajo y determinación, logró convertirse en un usuario fluido de la tabla de letras.

Ahora va en 4to. año y está completamente integrado en su clase de educación general. Su nivel de lectura, escritura, comprensión y vocabulario es de tercer año de preparatoria, así como matemáticas de tercero de secundaria.

Le encanta aprender y trabajar; y logró recabar fondos por sí mismo para la compra de su iPad a través de la venta de crayones reciclados hechos por él llamados Fopes.

Aspira a ser un escritor con enfoque en noticias internacionales. Ha preparado las palabras para brindis de cumpleaños, bodas y otras celebraciones; además, recientemente fue blogger invitado en el sitio "El Arte del Autismo". Su charla más reciente fue ser panelista en la conferencia sobre "El Amor y Autismo".

Vive en Chula Vista con sus papás y su perrita Padme. Es un lector ávido y recientemente está leyendo el viejo testamento de la Biblia.

Siempre agradecido por la oportunidad de participar en la "Conferencia de Neurociencia del Proyecto Árbol del Autismo" (Autism Tree Project); El estará comunicando sus pensamientos por medio de una tabla de letras.

- 10 años de edad -

Segunda Conferencia Anual de Neurociencia
ATPF

Buenas tardes distinguidos doctores, investigadores, científicos, queridos padres, profesionistas y compañeros con autismo:

Estoy extasiado de estar aquí el día de hoy.

Gracias "Proyecto de Árbol del Autismo" (Autism Tree Project), Lisa Kauffman, Jenny Palmiotto e Yvette Soto, por permitirme compartir mis pensamientos en esta conferencia.

Durante nuestras vidas, el autismo se ha transformado de una discapacidad a una manera nueva de pensar. La neurodiversidad es una manera nueva de ver y entender el autismo. Los autistas aún tenemos retos que superar. Los individuos autistas continuamos luchando para poder recibir servicios y una educación apropiada.

Si eres no verbal, las esperanzas de recibir educación superior son casi nulas. El acceso depende del desempeño, el desempeño depende del movimiento, y el movimiento es nuestro mayor reto. No se les da acceso a la educación a las personas que no pueden moverse.

Estoy aquí ahora para decirles que sí podemos aprender y entender todo. Somos dignos de su tiempo y esfuerzo. Dentro de cada cuerpo autista hay una mente lista para aprender y hambrienta por información. Soy prueba clara de esto.

No una causa perdida o una historia triste, pero un maravilloso ser humano, ambicioso y con esperanza. No deberían sentir lástima por mí o mi condición. Estoy seguro que han de pensar que mi autismo es una tragedia terrible, pero no lo es. Soy un ser humano completo y satisfecho. Soy un servidor de Dios y un sanador de almas. Mi camino es una oportunidad para enseñarle al mundo que la competencia y la inteligencia no pueden ser juzgadas desde afuera.

Cambia a tu perspectiva y considera mi autismo como una bendición, una gran oportunidad de asomarte a la mente de todos los niños que tienen autismo y que no pueden hablar.

El día de hoy quiero decirte que no estoy en mi propio mundo. No soy un prodigio o un lisiado. Soy un niño, un niño de diez años. Amo jugar con mi imaginación y amo hacer nuevos amigos. No soy inconsciente del lenguaje corporal o del tono de voz. Estoy atento a tus emociones y a tus expresiones faciales.

Si no te veo a los ojos es porque estoy muy ocupado poniendo atención a tu voz. Estoy consciente que quieres que te vea, pero el color de tu voz me distrae mucho.

Me encanta la escuela, aprender y pasar tiempo con mi familia. Soy sólo un niño ordinario con posibilidades extraordinarias, lleno de potencial y esperanza.

Toda mi vida he luchado por la oportunidad de ser escuchado y entendido. Conferencias como estas me permiten expresar los pensamientos de mis compañeros no verbales. Estoy orgulloso de ser su voz y de cargar la bandera de nuestra habilidad y competencia.

No soy un recipiente hueco esperando ser llenado. Soy un ser humano lleno de experiencia y conocimiento. Estoy totalmente consciente de mi entorno. Sé que me estás observando cuestionando cada uno de mis movimientos. Sé que no crees que yo estoy detrás de cada una de estas palabras. Aquí estoy, listo para tus preguntas, ansioso por escuchar tus comentarios. Soy todo tuyo y estoy listo para tu primer pregunta.

- 10 años de edad -

CUANDO TENÍA 11 AÑOS...

Escribiendo un Libro

Sigo en shock acerca del hecho que estoy escribiendo un libro. Tengo tantas cosas que quiero compartir. Soy muy privilegiado y aun así no puedo tener lo que quiero. Soy una mariposa social y no hay cantidad de palabras que me puedan dar voz.

Sueño con tener llamadas telefónicas con mis amigos y mandar textos. Sueño con una fiesta en donde pueda bailar los pasos que están en mi cabeza. Una reunión en donde las personas estén ansiosas por escuchar mis palabras.

- 11 años de edad -

He Logrado Algo Increíble

Hace mucho tiempo logré algo increíble, aprendí a expresarme por medio de veintiséis letras, una cosa extraordinaria para alguien como yo. ¿A qué me refiero cuando digo alguien como yo? A un niño con tics y movimientos estereotipados, un humano imperfecto por todas las definiciones; un ser percibido como defectuoso por todos los estándares.

Soy tan imperdonablemente defectuoso que es ridículo. Tú podrías pensar que quizá sería mejor si no existiera; una carga para mis padres y mi escuela. El creer ideas populares te engañaría; te engañaría en creer que soy una carga para la sociedad.

El creerle a todos los adultos que discriminan por motivo de una discapacidad es perder el significado de mi vida, en el silencio de mi discapacidad. Estoy verdaderamente bendecido de tener una familia que ve mi alma y me encuentra perfecto.

Soy inmensamente amado y cuidado; tengo un hermano que cree que soy la neta del planeta; un papá que trabaja duro para darme lo que necesito; una mamá que es incansable en su búsqueda por mi independencia.

- 11 años de edad -

Vamos a Platicar de Stims

Veo mis movimientos estereotipados como una manera de expresar mis emociones; alegría, tristeza y coraje. Muy pocas personas entienden el poco control que tengo sobre mis expresiones faciales. No soy capaz de llorar, reír o gritar cuando quiero.

La mayor parte del tiempo tengo la misma expresión en el rostro. Sin embargo, mis manos aletean con felicidad, se tensionan con miedo, tapan mis oídos con timidez y aprietan con rabia.

Lo que daría por ser capaz de reírme de un chiste emitido por mi propia voz, empatizar con una lagrima y gritar con locura.

Mis manos son mi herramienta, el portal de mi cuerpo hacia mi alma. Ve mis manos y verás mis emociones; ve mis manos y verás mi corazón.

- 11 años de edad -

¿Acaso Soy el Único?

¿Soy el único niño que sueña con una vida pacífica para todos?

¿Soy el único niño que ve ángeles en cada alma?

Los corazones de los hombres están llenos de miedo y sus almas están llenas de dudas.

Sus mentes borran y desaparecen

el trabajo de lo divino.

Qué felicidad me brinda el compartir con ellos

los secretos de mi corazón.

Qué felicidad me brinda el compartir con ellos

las bendiciones del cielo.

- 11 años de edad -

Hoy Fue un Buen Día

Hoy fue un buen día. Pasé mi día creciendo y haciéndome más independiente. Hice jardinería y cociné. Tecleé y aprendí. Deseo que todos mis días fueran así. Deseo que mi mamá, siempre sea mi maestra. Soy afortunado de tenerla y afortunado de aprender de ella. Siento que crezco más con ella. Espero que esté conmigo por mucho tiempo.

Te amo mamá.

- 11 años de edad -

Teclas Llamativas

Estoy aprendiendo a escribir. Es una gran tarea. Practico a diario, a veces solo. Amo el sentido de logro que me da, la sensación de las teclas debajo de mis dedos, la velocidad del sonido del tecleado en mi oído. Quiero aprender a comunicarme tecleando y dejar atrás la tabla de letras. ¿Estoy siendo ingenuo? No lo creo. Estoy seguro que puedo lograrlo.

Estoy seguro que lo lograré.

- 11 años de edad -

Un Gigante Gentil

Fui lo suficientemente afortunado de recibir un regalo increíble. ¡Mi tía, tío y primos me regalaron una experiencia con una ballena beluga! Estaba completamente sorprendido e increíblemente emocionado. No puedo expresar con palabras lo que sentí cuando oí la noticia. No estaba preparado en lo absoluto. Ni siquiera traía traje de baño. Espere enseguida de la tienda de regalos hasta que un guía llego por nosotros. Caminé hacia el vestidor y recibí instrucciones de cómo ponerme el traje de surf y ese vergonzoso traje de baño desechable. Realmente lo odie. Pero valía la pena la vergüenza por la oportunidad de ver a las belugas. Me vestí y participe en las preguntas introductorias.

Caminamos hacia el recinto y nos preparamos para la peor parte. Iba a sumergirme en agua a 54 grados Fahrenheit. No había ninguna cantidad de fuerza de voluntad que me hiciera bajar esos escalones, pero mi mamá va más allá de la fuerza de voluntad. ¡Ella me cargó en su cadera y entramos al agua, brrr! Decir que el agua estaba congelada sería una subestimación.

Estaba más frío que el hielo y más feliz que una lombriz. El momento había finalmente llegado, estaba en el agua y listo para la presentación. Estoy impactado de ver a una criatura tan bella. Mi cuerpo se contorsiona en todo tipo de bolas. Mis manos se congelan y se esconden; estoy en el cielo.

No logro tocar la ballena, pero mi mamá guía mi mano una y otra vez. Tengo tanta suerte de tener a alguien que puede ver más allá de mis limitaciones físicas y directo hacia mis deseos. Lentamente junto valor para tocar al gigante gentil y logro, dedo por dedo, usar mi mano para brindarle una caricia cálida.

Luego siguieron los pescados muertos, resbalosos, babosos bocadillos predilectos. No pude tocarlos, pero otra vez mi mamá insistió hasta que lo logré.

Puedo decir que le di de comer a una ballena beluga. ¡Disfruté cada segundo!

- 11 años de edad -

Un Sueño de Delfines

Soy un ávido entusiasta de los delfines. Siempre busco razones para mirarlos. Uno de mis sueños era nadar con ellos y ese sueño se hizo realidad como un milagro de Navidad.

Santa, ji ji, de Navidad me trajo una interacción con delfines. Abrí mi certificado de regalo e inmediatamente me llevaron a Sea World para la aventura. ¡No podía creerlo y no podía contener mis emociones! Me fui del carro hacia la reja y hacia el vestidor. Me vestí con ayuda de mi papá y caminé por todo Sea World en mi traje de surf. Me sentí como un verdadero entrenador.

Y nos metimos al agua, la temperatura a un agradable 60 grados Fahrenheit. Mi mamá me ayudó a entrar. ¡Me estaba congelando!

Los entrenadores nos dieron instrucciones y después llamaron a los delfines. Hermosos, graciosos, magníficos. No hay palabras para describir su belleza. Los toqué; soy tan afortunado. También caminé a través de la piscina con ellos. Soy muy afortunado.

Mi corazón explota con lágrimas cuando pienso en ello.

- 11 años de edad-

Decibeles de Amor

Tengo Hiperacusia, una condición que me hace particularmente sensible al ruido. Soy un individuo que tendrá hiperacusia para toda su vida; en muchos sentidos el ruido es mi placer, pero también mi némesis; una completa aberración del lenguaje. Desearía poder explicarlo, pero es difícil cuando no se conoce otra manera de escuchar.

¿Estoy solo en esto?

Sé que no lo estoy. Soy amigo de muchos que como yo, se benefician de audífonos que cancelan el ruido.

Soy un usuario exitoso de los audífonos para cancelar ruido BOSE. Soy un claro beneficiario de su tecnología. Los audífonos me permiten participar libremente en todo el glorioso ruido de la vida. No soy una persona anti social. Soy una persona social que debe superar muchas cosas para ser parte del grupo. Algunos días lo único que necesito es un par de audífonos BOSE para cancelación de ruido para mágicamente solucionar la contaminación de ruido ambiental.

Recientemente me he convertido en un hermano mayor; mi sueño se ha hecho realidad, un nuevo bebé con quien compartir mi vida y mi amor. Todavía tengo hiperacusia y los bebés aún lloran, pero es un llanto al cual quiero estar cerca. Quiero consolarlo y hacerlo feliz; no sólo quererlo cuando está callado. Cuidarlo no necesita implicar dolor físico para mí.

Un par de audífonos, un juguete chillón de bebé, y todo lo que escucho son decibeles de amor.

- 11 años de edad -

El Autismo es una Bendición

El Autismo es una bendición mandada del cielo. Llena mi vida de aventura y de deseos de crecimiento. Todos mis días están llenos de momentos de pura felicidad cada vez que logro un nuevo objetivo. Otra vida parecería muy ordinaria y fácil de desperdiciar.

En un nivel muy profundo, estoy agradecido por mi existencia. La vida es una constante y siempre increíble oportunidad de una vida plena. Deseo que todos puedan ver esto y aprovecharla. No importa tu situación, la vida siempre es un regalo; ¡un regalo bello e increíble! Es una gran oportunidad para el gozo. Un hombre o una mujer puede escoger vivir en paz y armonía con la naturaleza y el mundo.

- 11 años de edad-

Rojo

Una rosa es sólo una rosa. En mis sueños, las rosas son flores vibrantes con pétalos tan rojos que sólo el amor se les puede comparar. ¡Rosas rojas de amor y de unión! Rojo es el calor del sol y la pasión por la vida. Roja es la alegría de nuestro corazón.

- 11 años de edad -

Maestros

Siempre presentes en nuestras vidas, los maestros moldean mentes jóvenes.

- 11 años -

Primer Comida

El día de hoy estoy tan emocionado por el día de hoy. ¡Mi corazón está explotando con interminable alegría! ¿Estoy soñando? No estoy seguro si esto es real. Hoy le di de comer a mi hermano su primer bocado de alimento sólido y fue col rizada al vapor. No lloró ni hizo caras. Se lo comió todo y lo disfrutó. Soy un chico muy suertudo. Amo tanto a mi hermano.

- 11 años de edad -

Vida Pasada

Un tipo de recuerdo vino a mi mente el día de hoy. Me acordé de mi siempre misteriosa vida anterior. Recordé las flores del monasterio. Si, las puedes ver. Tanta belleza en un lugar tan sagrado. Siempre estoy agradecido por la oportunidad de crecer y florecer como ellas. Normalmente soy un capullo silencioso, pero ahora me siento más como una flor vibrante; listo para cualquier cosa que aparezca en mi camino. ¡Ahora más que nunca, estoy preparado para dominar el mundo, estoy listo para florecer!

- 11 años de edad-

Exactitud

Soy evaluado de acuerdo a mi exactitud. Valorado por mi precisión y velocidad. Mi comunicación sólo es válida si es precisa. Cuando soy impreciso, es como si hubiera fracasado. Mis palabras no contarán pues no soy claro y, por lo tanto, desapareceré. Cometí errores hoy al teclear. Mi corazón se hunde y el pecho se me aprieta. Me siento mareado y débil. Quiero correr; me quiero esconder, quiero gritar, "¡no soy un fraude!, ¡no soy un impostor!, ¡sólo soy un niño que tiene mucho que decir! No dudes mis palabras, no discutas mi competencia". Sólo soy un niño con palabras, siempre preocupado, siempre temeroso, siempre ansioso. Simplemente estoy aprendiendo cómo crecer.

- 11 años de edad -

Estoy tan Cansado por Mi Incapacidad de Hablar

Estoy tan cansado por mi incapacidad de hablar. Esta noche fue un gran ejemplo de un momento en donde el habla era esencial. Estaba sentado en el comedor mientras mis papás hablaban acerca de la vida, nada en especial, simples cosas.

Pero en un punto de la conversación, vi que era el momento apropiado para hacer un sonido de un carro escapando. Era chistoso, fantástico y venía totalmente al caso, pero nada salió de mi boca.

Mamá y papá hicieron el sonido al mismo tiempo. Estaba tan triste por no haber sido capaz de participar en ese instante. Quería tanto poder ser parte del coro, pero nada salió de mí boca y en vez, mis papás me explicaron que era un momento perfecto para hacer un sonido de carro. Y dentro de mí yo decía "¿a poco, no me digas?", pero nada salió de mi boca. Y supongo que mis papás se sintieron tan audaces haciendo el chiste al mismo tiempo. Yo también lo sabía, pero nadie lo supo. Mamá estaba cargando al bebé, papá estaba lavando los platos. Estaba solo, en cuanto se refiere a comunicación. Cada día que tecleo, trabajo hacia mi independencia cada día que tecleo, cada día que tomo dictado. Lo estoy logrando, sola o deseo que pudiera ser más rápido. Deseo que mi habla de repente funcionara. Soy un niño. Soy un niño sin habla y no hago cosas extraordinarias; hago cosas ordinarias de maneras poco comunes.

No merezco una medalla, sólo quiero un poco de suerte para ser ese niño al cual una buena mañana el habla le comienza a funcionar.

¡Ya lo puedo ver! Tiene cara. Puedo sentir el alivio en el corazón de mis papás. No más preocupaciones si me pierdo, le puedo decir a la gente mi nombre y mi teléfono, mis alergias y mis necesidades. ¡Imagina eso!, ¡Jajaja! Trabajo y trabajo, lo voy a lograr, sé que lo haré.

- 11 años de edad -

Antes del Tablero Alfabético

Mi vida antes del tablero alfabético era muy difícil. Pasaba mis días queriendo hablar con mis amigos y familiares sin poder lograrlo. Estaba rodeado de amigos y familia, pero incapaz de mostrarles mi amor con toda su complejidad. Antes de tener acceso a las palabras, mi vida era tan incierta. Mi mamá siempre creyó en mí y me dio una educación apropiada, pero el resto del mundo me veía como un bebé.

Usaban palabras sencillas y voz de bebé cuando me hablaban. Me sentía tan incomprendido, me sentía tan insignificante. Todo lo que soñaba era tener la oportunidad de enseñarle a la gente que era un niño normal.

Soy un niño normal.

Sueño los mismos sueños. Espero las mismas esperanzas. Uso mi tiempo para aprender y crecer. Antes del tablero alfabético estaba atrapado en una isla de frustración y tristeza. Estaba solo en un mar de gente. Era un ermitaño forzosamente, naturalmente solitario. Era una víctima de aislamiento solitario. Decir que tenía un amorío con el silencio, es poco.

Aprender a usar el tablero ha sido una de las cosas más difíciles que he hecho. Me resistí al hecho que las probabilidades estaban en mi contra e hice mi mejor esfuerzo por vencerlas y lo logré. Letra por letra mi mundo se abrió y mi voz fue escuchada. ¡Podía decir lo que pensaba, podía compartir mi tristeza, podía compartir mi felicidad y mi amor!

¡Fui libre! Ya no estaba atrapado. Ya no estaba solo. Ya no estaba condenado a caminar el mundo cubierto por la invisibilidad. Era una persona como cualquier otra. Era un niño como cualquier otro. Era una persona totalmente diferente en una vida que era la misma.

Estoy seguro que cualquiera que utilice un tablero alfabético puede empatizar. Ahora tengo once años. Soy ponente en conferencias y miembro del mejor club que existe, el de autistas no verbales. ¡Toda mi vida y mi gratitud a los que hicieron esto posible!

Alfonso.

- 11 años de edad -

Ansiedad

Toda mi vida he tenido ansiedad. Tiñe cada experiencia de mi vida y siempre aparece cuando menos la necesito. Hoy apareció camino a la escuela.

Penetrante y totalmente envolvente, controla mis manos y endurece mis articulaciones. Sigo siendo yo pero atrapado en un mar de emociones acumuladas. Mi cabeza se siente como si fuera a explotar y mi corazón se acelera. Soy una desastre de nervios y no puedo controlar mis movimientos. No me siento orgulloso de la manera en la que me comporto en momentos como estos. La gente le llama "crisis de autismo", para mí son implosiones totales del cuerpo.

- 11 años de edad -

Cómo se le refiere a una Persona con Autismo

Sé que a algunas personas les importa mucho cómo se les dice a las personas con autismo. Para mí no es importante la manera en la que me llamen, es más importante cómo me traten. Me han llamado muchas cosas, incluyendo retrasado. No soy un retrasado sino demorado motriz. No soy un mudo, soy apráxico. No soy un prodigio, soy inteligente. No soy autista, soy humano.

El autismo no me define, soy una rica combinación de atributos y retos. No tengo un desorden, tengo una mente diversa. Soy una persona como cualquier otra aprendiendo a navegar la vida y la niñez; siempre tratando de encontrar el camino que me lleve a una vida más plena. Estoy tan cansado de que la gente pregunte si tengo autismo, como si eso les dijera algo de mí. Si, tengo autismo; pero soy mucho más que solo eso.

Soy un orgulloso usuario del tablero alfabético, de la tecnología de comunicación (AAC) además de un mecanógrafo. Soy un niño bilingüe inmerso en dos culturas. Soy un ávido lector y escritor. Soy un hermano mayor y un hijo. ¡Qué tal eso para una etiqueta! Sólo espero que todos los individuos autistas eventualmente tengan la oportunidad de demostrar todo lo que son y que sean etiquetados por su pasión, no por su autismo.

- 11 años de edad -

La Injusticia de la Apraxia

Mi primer intento de tratar de saludar, fue un esfuerzo hecho a cambio de una gomita de dulce. Recuerdo como sin éxito traté de mover mi mano en un afán por ganarme tan anhelado premio. Sabía qué hacer, simplemente tenía que levantar mi mano y mover la muñeca.

Movimientos sencillos, pero tan imposibles para mí después de una vida con apraxia. Nadie puede imaginarse el esfuerzo que hice, y cuánto deseaba lograrlo.

Cuando era un niño pequeño significaba todo para mí. Sólo mis terapistas saben por todo lo que pasé. Hasta el día de hoy no puedo decir hola cuando lo deseo.

No estoy seguro por qué, pero mi cuerpo no se mueve a menos que esté solo y cómodo. Mi vida es una serie de movimientos desarticulados. Soy el resultado de un esfuerzo interminable y de aplicadas partículas de luz.

No estoy solo. Al igual que yo, hay muchos autistas no verbales que luchan con sus cuerpos que se resisten a cooperar. Deseo tener los movimientos suaves de mis compañeros. Anhelo su agilidad y siempre me pregunto cómo lo logran. Mi cuerpo se mueve de maneras preprogramadas y lucho diariamente para cambiar la configuración.

Ahora tengo un hermano. Es un bebe de lo más lindo que hay. Estoy impresionado con lo que hace y lo que logra. Tengo suerte de tenerlo y agradecido por su presencia en mi vida. Soy una persona positiva pero cuando lo veo saludar tan suavemente, me pregunto por qué no puedo hacer lo mismo, y al mismo tiempo estoy eternamente agradecido con Dios por la salud de mi hermano. Soy un individuo apráxico. Soy un guerrero del movimiento. Soy un tipo suertudo con un plan motor desafortunado. Sólo estoy contento que mi hermano parece estar bien.

- 11 años de edad –

Sólo el Amor Verdadero

Estoy seguro de una cosa,
Sólo el amor verdadero te puede ayudar a sobrellevar esto,
Todas tus tristezas desaparecen
Cuando estás con tu amor verdadero.

- 11 años de edad -

Todos Los Estudiantes Tienen Derecho a Aprender

Todos los estudiantes tienen derecho a aprender. Tan sencilla premisa, tan difícil realidad. Para algunos niños, el tener acceso a la escuela es una de las cosas más difíciles.

No es que no vayan a la escuela, sino una vez que están ahí no reciben educación como el resto de los estudiantes o reciben la misma información por años.

Soy uno de los suertudos. He tenido la oportunidad de alimentar nueva información a mi cerebro todos los días. Y tengo la oportunidad de tener amigos y muchos maestros. Una oportunidad de ser normal. Espero que algún día todos los niños no verbales tengan esta oportunidad.

- 11 años de edad -

Mi Primer Recuerdo

Recuerdo muchas cosas. Recuerdo el sonido del palpitar de mi madre por dentro de su cuerpo mientras reposaba y crecía en su vientre.

Recuerdo el calor de su abrazo la primera vez que me tuvo en sus brazos. Nadie más sabe que tan profunda su voz puede llegar a ser o que tan ligera su risa. Mi mamá es mi primer recuerdo.

- 11 años de edad -

Leyendo

Amo leer, es una de mis actividades favoritas. He leído muchos libros incluyendo la biblia, y puedo decir sinceramente que los he disfrutado. Soy un gran fan de Harry Potter. Siempre trato de tener un libro para leer. Soy un lector tan ávido que casi seguramente puedo leer un libro con sólo tocarlo. Casi puedo escuchar tu risa. Yo sé que suena increíble y lo es. Soy tan incapacitado que no puedo leer solo. Necesito ayuda de alguien para guiar los renglones y necesito su ayuda para detener el libro y darle vuelta a la página. Estas son adaptaciones muy frustrantes. He encontrado una gran alternativa con los audio libros. Puedo leer todo el día y devorarme libros a mi propio ritmo. Soy tan suertudo por tener acceso a fuentes alternativas de lectura que me permiten sacarle la vuelta a mis retos.

Veo los renglones como si pulsaran y las letras como aguadas y moviéndose. Trato lo mejor que puedo de mantenerlas derechas. Pero entre más pequeña sea la letra más difícil es. Ni siquiera puedo empezar a describir que tan difícil es leer la biblia o cualquier otro libro con letras muy pequeñas.

Los libros para bebés o principiantes son más fáciles porque siempre tienen letras grandes. He escuchado que hay libros adaptados. Aún no los he probado.

Mientras lees este libro, piensa acerca de lo que describo. Probablemente no seré capaz de leerlo por mi cuenta.

Será la voz y la velocidad de alguien más quien esté dirigiendo mi pasatiempo favorito.

- 11 años de edad -

Ensenada

Ahora me encuentro en Ensenada. Estoy tan contento de visitar a mis abuelos. Estar en Ensenada es una interrupción refrescante para la rutina. Aquí los días son largos y llenos de familia. He comido mucho borrego.

- 11 años de edad -

Discriminación por Capacidad

No estoy seguro de entender el concepto de Discriminación por Capacidad. No reconozco lugares donde el concepto es pensado. Asumo que los adultos entienden el concepto, pero me pregunto si realmente es así.

Saben, para mí, discriminación por capacidad, es una manera de deshumanizar a las personas con discapacidades haciéndolas menos debido a sus cuerpos y eso es una acción terrible. Me pregunto si los afroamericanos son tratados de manera parecida. Sé parcialmente que su lucha por ser tratados con igualdad apenas ha iniciado su curso. La policía los señala y las personas aún los temen. ¿Qué esperanza tenemos? Como un individuo discapacitado esta es una pregunta clave.

- 11 años de edad -

Congreso de Inovaciones en la Educación

Estoy en camino a Atlanta a mi congreso. Es la primera vez que viajo a un evento como este. Estoy emocionado y nervioso. Siempre me pongo nervioso en los congresos porque siempre soy expositor. Esta vez seré un participante. ¿Estoy muy joven para hacerlo? Mi mamá piensa que no. Creo que estoy un poco joven, por eso aprecio que mis padres me den permiso de ir.

No sé qué tan seguido otros niños de mi edad asisten a congresos; pero a mí me encanta ir. Siempre estoy buscando nuevas cosas que aprender. Este congreso es sobre innovaciones en la educación y muchas personas como yo van a atender. Yo estoy tan emocionado de conocer a todos y de tener un increíble fin de semana. Me siento tan agradecido por tener una oportunidad como ésta. Soy tan paciente con el Universo y con lo que ofrece. Soy misericordioso con mi cuerpo. Ya he trascendido el juicio y estoy en contra de la violencia. Estoy tan listo para ver a los usuarios del tablero alfabético florecer. No soy una entidad individual. Soy parte de un movimiento más grande que está tratando de traer respeto a las personas que usan todo tipo de comunicación.

- 11 años de edad -

Congreso de Innovaciones en la Educación Día 1

Soy solamente un niño de once años en un extraordinario viaje por el tiempo.

Este viaje me ha llevado a lugares maravillosos. Este fin de semana me trae a uno de estos nuevos lugares. Estoy en Atlanta, Georgia, la capital del durazno de Estados Unidos. ¿Por qué? Te podrás preguntar, porque estoy atendiendo el Congreso de Innovaciones en la Educación, un evento de dos días dedicado a una nueva manera de ver y educar al Autismo. Empecé este viaje en San Diego. Mi Mamá y yo, solos, abordamos el avión que nos llevó a Atlanta. En el aeropuerto notamos a otros usuarios del tablero alfabético y a sus familias que también asistirían. Nos subimos al avión y nos sentamos detrás de Brandon, un adolescente que, como yo, usa el tablero alfabético.

Tuvimos un vuelo fácil sin eventualidades. Luego aterrizamos y la aventura inició. Un viaje sencillo en taxi se convirtió en una búsqueda por el área de recolección de Uber. Casi me desmayé cuando vi qué tan lejos teníamos que ir. Nuestro primer chofer era de Nigeria, un hombre amistoso que le gusta la cocina y ama a su familia. Disfruté de sus historias acerca de cómo todas las personas de Nigeria saben cocinar. Era un tipo chistoso.

Llegamos al hotel, un lugar elegante donde muchos jóvenes adultos se estaban preparando para salir; súper divertido. Luego encontramos nuestro lobby y nuestro cuarto. Estaba tan contento de acostarme en la cama. Dulces sueños para mí.

- 11 años de edad -

Congreso de Innovaciones en la Educación Día 2

Primer día del congreso. Me desperté sin tiempo que perder. Un minuto demasiado tarde. Desayunamos en el hotel y nos fuimos en taxi al congreso.

Entramos directamente, sólo una parada rápida para recoger nuestros gafetes. La Dra. Edlyn Pena estaba presentando su historia: una maravillosa narrativa sobre el amor y la dedicación de una madre. Todo el día, uno tras otro, los ponentes y los activistas se turnaron para compartir sus historias y conocimiento. Disfruté cada una de ellas.

Durante el almuerzo, nos sentamos con otra familia, un adolescente mayor con su mamá. Pude aprender de él y su camino por medio de su mamá. También pude conocer a otros niños como yo y les di mi tarjeta de presentación.

En la tarde había más pláticas y activistas todos pidiendo inclusión. En la tarde fui a cenar con mi mamá a Chipotle y, después de una parda rápida en el hotel, fuimos a bailar al centro estudiantil de Georgia Tech. Para llegar ahí tuvimos que tomar un taxi pero terminamos caminando. En el camino encontramos una serpiente, era pequeña y adorable.

Mi mamá y yo nos la pasamos increíble en el evento, bailamos con la música y me divertí con mis nuevos amigos. Toda la noche me sentí agradecido por la oportunidad de estar ahí. Tomamos un Uber de regreso y con eso se acabó la noche.

- 11 años de edad -

Congreso de Innovación en la Educación Día 3

El domingo nos despertamos a tiempo y desayunamos en nuestro cuarto. Qué maravilloso tener este tiempo con mi mamá. Nos fuimos a la conferencia en Uber. ¡Estaba lloviendo mucho!

El día anterior perdimos mi iPad. Hoy estaba en el escritorio justo donde lo habíamos dejado. Siempre supe que todo estaría bien. Nuestra comunidad es como una familia. Nadie se lo llevaría nunca, es la voz de alguien.

Las conferencias de la mañana fueron más que inspiradoras. Me quedé sin aliento al ver el camino que me queda por delante y cómo otros lo han construido para mí.

Me emociona anunciar que hasta logré ser seleccionado para un panel: 35 auto defensores contestando preguntas. Fue un maravilloso cambio energético para el Universo a nuestro alrededor. Quería estar ahí para siempre, en un panel con personas que me entienden. Fue una hora de visión y amor. ¡Casi me morí cuando me di cuenta que estaba sentado enseguida de Dillan!

No había ni un ojo sin lágrimas en el lugar. ¡Fue extraordinario!

Después un violinista talentoso tocó una pieza hermosa y dedicó la canción a la academia HIRSCH.

Estoy tan honrado por haber sido parte de todo eso. Estoy extasiado de felicidad.

Estoy ahora en el avión regresando a casa, lleno de inspiración y emociones. Cuántas cosas para procesar. Cuántas ideas para crear nuevas oportunidades. No hay límite para nuestra comunidad no verbal.

- 11 años de edad -

Academia Colmena

Estoy tan contento de estar en la Academia Colmena. Pertenecer a una escuela que me entiende a mí y a mis necesidades es maravilloso. A primera vista podrás pensar que no hay mucho que ver, las paredes están vacías y no hay nada colorido en ningún lado. Pero, lo que estás viendo, es técnicamente un ambiente cuidadosamente diseñado y creado para minimizar la distracción visual y los estímulos ambientales. Es difícil distraerse aquí y esa es una gran manera de aprender. ¿Estás listo para unirte a nuestro panal?

[www.colmenaacademy.org]

- 11 años de edad -

El Poder de Aventuras Compartidas

Fui a una aventura de avistamiento de ballenas con mi amigo Oliver. Él es un amigo nuevo. Nos hemos visto dos veces. La primera vez fuimos a una fiesta de cumpleaños y ahora iremos a una excursión. ¿Podrías preguntarte que, cuál es el punto de ir juntos si ni siquiera nos vemos el uno al otro?

Estoy tan contento de que lo hayas preguntado, ja ja ja. Una aventura compartida nos da un campo común, un sentido de unidad no sólo en diagnóstico, pero en experiencias de la vida. Podemos decir que lo hicimos juntos; podemos compartir los mismos momentos. Podemos admirar las mismas cosas.

Podemos construir una amistad basada en crecer juntos, así como todos los demás. Soy tan afortunado de tener eso.

- 11 años de edad -

Llavero

Estoy inclinado a llevar algo que me vincule a Dios. (Al elegir un llavero)

- 11 años de edad -

Autismo y Amistad

Soy un amigo para muchos. Tengo amigos en la escuela y en mi colonia. También tengo amigos fuera de mi casa y escuela. Estos amigos son mis amigos con autismo.

Ellos son los amigos más parecidos a mí. Son no verbales; usan el tablero alfabético. No siguen instrucciones bien y no parecen inteligentes.

Ellos son resistentes, dedicados y valientes; hasta son divertidos.

Cuando estamos juntos las estrellas se alinean y nos convertimos en personas tan normales como cualquier otra.

Nos juntamos, platicamos, somos simplemente niños. Nadie tiene que comportarse como algo que no son.

¡Qué libertad!

- 11 años de edad -

Mercado Público "Liberty"
2820 Calle Historic Decatur
San Diego, California 92106

Acompáñame en un viaje por una aventura culinaria. Imagina un lugar en donde convergen los sabores de todo el mundo. Ese es el mercado público Liberty. Amé cada cosa que vi y escuché.

Todos los vendedores están acomodados para poder rápidamente atender a las necesidades y estómagos de su clientela. Me encantó la joyería preciosa y las velas hechas a mano. A mi mamá le gustaron los vinagres y aceites exóticos.

La pescadería es impresionante, está llena de pescados enteros en sus aparadores. Amé ver el tanque de los camarones vivos. Finalmente, las mascotas son bienvenidas, hasta hay una tienda sólo para ellas. Comimos delicioso en el área al aire libre y hasta tuvimos oportunidad de cachar un Pokemon en su área de Pokemon.

Les recomiendo altamente una visita. Para nuestros amigos con autismo y otras sensibilidades es altamente recomendado traer sus audífonos para cancelar ruido. Por favor consideren que no hay bardas y en ocasiones los olores pueden ser abrumadores. Si tienes alergias a la comida, ¡las salchichas de la tienda Mastiff las encontré deliciosas!

No hay muchas cosas que puedan tocar, considera traer un juguete para morder o entretenerse. Nos vemos pronto en nuestra siguiente aventura.

PREGUNTAS Y RESPUESTAS

Los compañeros de clase y maestras de Alfonso Julián le hicieron muchas preguntas. Las respuestas y opiniones de Alfonso Julián ayudaron a sus compañeros y maestras a entenderlo mejor y crear amistades más estrechas. Se las presentamos a continuación.

¿Cómo Perdiste Tu Voz?

No estoy seguro como perdí mi voz; es posible que nunca la haya tenido. Puedo hacer sonidos y ruidos, pero no palabras. Al menos no por mí mismo. No estoy seguro qué más decir. Mis papás dicen que antes decía muchas palabras. Pienso que siempre tuve apraxia y se hizo más aparente conforme fui creciendo. Estoy seguro que otros individuos que deletrean con tableros alfabéticos tienen historias similares. Mi historia no es solamente mía, es la historia de muchos individuos como yo, que luchan todos los días para conquistar movimiento y sonido.

¿Cómo Sabes deletrear Algo Si No Sabes Cómo Se Escribe?

Siempre pongo atención a la forma como se escriben las palabras. Me fascina la manera que las cosas se escriben y se pronuncian. Trato siempre de acabar con mis comportamientos ansiosos y siempre trato de aprender nuevas palabras. Estoy haciendo mi mejor esfuerzo para aprender a deletrear en varios idiomas. Hasta ahorita me siento cómodo con inglés, español, portugués e italiano. Amo los idiomas y su escritura. También me encanta leer y escribir. Por favor continúa leyéndome, tengo muchas cosas que decir.

¿Qué es lo Que Disfrutas Más de Estar en La Escuela Montessori?

Mi entendimiento de lo que es una escuela Montessori es que es un lugar en donde los niños de todas las habilidades pueden aprender juntos de una manera respetuosa y tienen libertad de aprender a su ritmo y nivel educativo. Montessori Explorer me ha dado un hogar educativo y me ha dado amigos, a los cuales necesito en mi vida. He encontrado que es el mejor modelo educativo después de las enseñanzas de mi mamá.

¿Cuál es el Momento que Disfrutas Más en la Escuela?

Disfruto mucho cada momento. Me doy cuenta que tener la oportunidad de ir a una escuela regular es una bendición. Estoy consciente de lo difícil que es encontrar un lugar que acepte a todo tipo de personas. Estoy eternamente agradecido con Montessori Explorer y Ms. Dinusha. Ella ve mi alma y sana mi corazón. Soy tan afortunado de tenerla. Me encanta el recreo y jugar con mis amigos. Me encanta la clase y aprender nuevas habilidades. La escuela es un lugar de crecimiento y enriquecimiento, todos los momentos son invaluables.

¿Qué Carrera te Gustaría Estudiar Cuando Vayas a la Universidad?

Siempre es un reto contestar esta pregunta. Ya estoy trabajando en lo que quiero ser cuando sea grande. He evolucionado de ser solo un escritor a ser un activista. Quiero cambiar el mundo, mejorarlo. Quiero lograr hacer una diferencia para todas la personas y habilidades. Estoy tan seguro que lo voy a lograr que hasta me duele. No soy solo un niño. Soy una fuerza de quien hay que tener cuidado. Mis palabras son mi espada y mi tabla de letras mi armadura. Soy un soldado de verdad y justicia. Soy un tejedor de sueños e historias.

¿Cuál es Tu Pasatiempo Favorito?

Aunque tengo habilidades motoras limitadas, disfruto muchos deportes como el fútbol. Eso me permite sentirme tan vivo. Hay muchos deportes que me gustaría intentar. Me gustaría intentar atletismo.

¿Qué Te Gusta Hacer Para Divertirte?

Me gusta jugar con mis amigos en la escuela. Ellos siempre me incluyen en los juegos. Me gusta jugar con ellos, aunque a veces no lo puedas percatar. Muchas veces me veo desinteresado o ausente.

Trato lo mejor que puedo para parecer interesado e involucrado, pero no siempre funciona y me doy por vencido. Me gustaría saber qué tengo que hacer para que los niños sepan que quiero jugar. Soy una persona muy social y me gusta hacer nuevos amigos. Me gusta tener nuevos conocidos y aprender de todo tipo de personas. Para divertirme, también me gusta jugar con legos y cocinar.

¿Qué Haces en Tu Casa?

En mi casa me gusta jugar con mi hermano, leerle historias y ayudar a cuidarlo. ¡Lo amo tanto! Estoy maravillado con todo lo que hace. También estoy cocinando mucho y limpiando. Soy sólo un niño normal. También veo videos y televisión. Supongo que hago cosas convencionales de maneras muy poco convencionales.

¿Cómo le Haces Para Mover Tus Manos Tan Rápido?

Practico mucho. Todo el día trato de hacerlo un poco más rápido. Me gusta aletear mis manos porque me hace sentir como un pájaro y me hace sentir libre, casi tan libre como un ave.

Veo Que Te Gusta Brincar Mucho, ¿Qué Más Te Gusta Hacer?

Me gusta siempre ser positivo y alegre. Me gusta logra cosas imposibles. Recientemente empecé a teclear, es una tarea imposible para alguien con apraxia tan severa como la mía. Y ahora puedo escribir hasta cuarenta palabras por minuto en mis ejercicios de destreza. Aspiro a comunicarme por medio del teclado. ¡Un paso a la vez!

¿Por Qué Siempre Te Pegas en la Cabeza?

No sé cómo comenzó. Aprendí a practicar tocar ligeramente y de alguna manera se convirtió en un golpe a la cabeza. No estoy seguro por qué pasó, pero ahora me meto en problemas si me pego en la cabeza. Siempre estoy tratando de no hacerlo, pero mi brazo tiene mente propia. Sólo espero poder superarlo pronto.

¿Qué Es Lo que Más Te Gusta de Ti?¿Por qué?

Me gusta mi perseverancia y determinación. No me doy por vencido fácilmente y no me rindo. Sé que las más grandes batallas se luchan un día a la vez. Mantengo mis ojos en mis objetivos y constantemente tomo pasos para alcanzarlos. También tengo súper buen sentido del humor y lo uso cuando tengo la oportunidad. La mayoría de las personas no se ríen. No esperan que alguien como yo sea chistoso. Muchas veces tengo que explicar que estoy bromeando.

¿Cómo Puedo Ser tu Amigo?

Usualmente, los niños no saben cómo jugar conmigo. Estoy tan acostumbrado a ser ignorado. No me puedo mover como los otros niños entonces no me invitan a jugar. Me gustaría que los niños se tomaran el tiempo de incluirme. Y me gustaría que jugaran juegos en donde puedo demostrar mi capacidad. Siempre juegan juegos donde las personas corren o trepan, eso definitivamente no es mi fortaleza. Me gustan los juegos donde puedo demostrar mi cerebro y mi sentido del humor. Quiero ser valorado como un miembro equitativo del equipo, no como alguien a quien se le hace una caridad. Soy mucho más que mi apraxia global.

Alfonso, Si Te Encontraras Con un Genio y Te Concediera un Deseo, ¿Que Deseo Le Pedirías al Genio? Dime Un Deseo que Quisieras Que se te Concediera.

Nadie me había preguntado esto antes; creo que soy una persona muy completa. No puedo pensar en algo que quiera. Soy amado y aceptado, así como soy. Trato de ser feliz con lo que tengo y creo que lo que desearía es pasar muchos años con mis papás y mi hermano.

Siempre me preguntan acerca de mi voz; me hace sentir tan discapacitado el tener que explicarlo. Soy una persona con muchos atributos y habilidades. No soy sólo la ausencia de una voz. Muero por conocer a gente sin tener que explicar porque uso un tablero de letras. No soy un truco cirquero. Soy una persona no verbal. Puedo contribuir a la sociedad y puedo ser útil. Tengo tanto miedo de tu reacción al leer estos renglones. Creerás que estas no son mis palabras o creerás que soy un títere; bajo cualquiera de estas creencias no estarías solo.

He sido víctima de la discriminación por capacidad toda mi vida. He sido discriminado por maestros, administradores, terapistas y un montón de adultos en mi vida estudiantil. Ha sido por medio de asesores independientes que he recibido algún tipo de respeto. Estoy eternamente agradecido a los profesionistas que han sido lo suficientemente valientes para decir la verdad. Muchas veces me pregunto qué sería de mi vida sin ellos. Soy tan afortunado de tenerlos a todos y cada uno de ellos en mi vida.

Todo lo que puedo decirles es, gracias. Me han dado un gran regalo por hacer su trabajo sin prejuicios. También estoy agradecido por mis papás que han creído en mi cuando nadie más lo hacía. Como niño sólo hay tanto que puedo hacer solo, necesito de adultos en mi vida para alcanzar mi potencial.

Tengo tanto miedo de perder a mis papás. Mi hermano y yo siempre nos tendremos el uno al otro, ¡pero necesito tanto a mis papás! Tengo tanta suerte de ser amado incondicionalmente, estoy tan bendecido de ser siempre apoyado. No hay tormenta que no pueda navegar con ellos a mi lado. Esto puede sonar un poco adulto; soy un cuerpo joven en un alma vieja. Soy puramente humano y un niño. Soy sólo una persona política. Me gustaría no tener que ser un activista, pero cuando la vida te da limones, te aseguras de hacer limonada para todos los que siguen después de ti.

ALFONSO JULIÁN CAMACHO
(Chula Vista, California, U.S.A.)

Alfonso Julián es un escritor único por su edad y por su talento. Aprendió a comunicarse desde los 7 años y logró demostrar que las personas con autismo no verbal tienen mucho que decir y que aportar. *Autistic and Awesome* es su ópera prima con la que presenta una colección de sus escritos personales. Antes aparentaba no tener que compartir, ahora su obra nos muestra un ser humano completo, pleno y realizado. Ahora Alfonso tiene doce años y vive en Chula Vista, California con sus padres y su hermano. El continúa escribiendo y abogando por personas con autismo no verbal.

"Todos los estudios en el mundo subestiman el autismo. Somos mucho más de lo que puedes ver. Podemos hacer muchas cosas increíbles"

∞

www.editorial3k.com/alfonsoJulián

LIGAS

Lee más acerca de Alfonso en su blog:
Autism and other endeavors of the heart
www.autismandotherendeavorsoftheheart.com

Página de Web del Libro
www.autisticandawesome.com

Builders of Eloquence and Engagement, LLC
www.beellc.org

Academy Colmena
www.colmenaacademy.org

CITA EDITORIAL

«Toda escritura está inspirada por Dios y es provechosa para enseñar, para argumentar, para corregir y para educar en la rectitud, a fin de que el creyente esté perfectamente equipado para hacer toda clase de bien.»

LA BIBLIA (BTI), 2 TIMOTEO 3:16-17

Made in the USA
Columbia, SC
23 April 2020